はじめての電気圧力鍋

みないきぬこ

毎日使える絶品レシピ

家の光協会

料理を作ることを仕事にしている私でも、
毎日の食事作りはかなりの負担です。
仕事や家事、子育ての合間に
なんとか時間をやりくりして
食卓をととのえることに追われています。

電気圧力鍋で毎日の食卓が変わります！

でも、電気圧力鍋を使いはじめてから、
その負担がぐんと減りました。
ガスの圧力鍋と違って火加減や時間の調整が
ボタン1つでOKの簡単さと安心感。
ほったらかしでも、いつの間にか一品でき上がっている嬉しさ。

電気圧力鍋ってどんな鍋？

煮る、ゆでる、蒸す、
炊くが1台で！

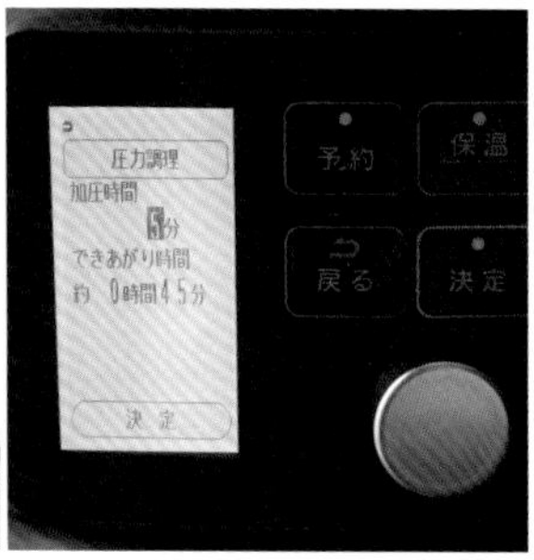

火加減の調節が
不要

スイッチを入れたら、
ほったらかしでOK

塊肉や骨つき肉が
ほろっとやわらかに

料理をする時間や余裕がないときの救世主的な存在であり、
家族や自分のために、いつもの食卓をもっと楽しく、
おいしくしたいという思いにすっと寄り添ってくれます。

料理を作って食べるのは、毎日のこと。
暑いときは、キッチンに立つのが億劫だったり、
寒い日は、温かい煮込みが食べたいけれど、時間も手間もかかって……。
電気圧力鍋は、そんなさまざまな悩みを解消してくれる魔法の鍋。
料理を作る大変さがぐっと軽くなるから、
料理初心者や料理がちょっと苦手な方にとっても、
頼りになる使い心地のよい家電だと思います。

この本のレシピが料理をする方の手助けになり、
おいしい食事のヒントにつながれば幸いです。
ぜひ、電気圧力鍋を手にとって食の時間を楽しんでください！

魚が煮くずれ
しない

野菜のうまみを
引き出す

豆が浸水なしで
ふっくら

白米や玄米が
もちもちに

Contents

［この本の使い方］

・1カップは200mℓ、1合は180mℓ、大さじ1は15mℓ、小さじ1は5mℓです。

・レシピにある野菜の正味分量は、皮やヘタを除いた重さです。

電気圧力鍋について

この本では「アイリスオーヤマ KPC-MA2(容量2.2ℓ)」を使用しています。
お手持ちの電気圧力鍋の取扱い説明書に記載の使用方法、注意事項などもご確認の上、ご使用ください。

アイリスオーヤマ
KPC-MA2
容量:満水容量2.2ℓ、調理容量1.4ℓ／
最大圧力:70kPa／消費電力:800W

手動メニューの使い方

電気圧力鍋には、「自動メニュー」と
「手動メニュー」があります。「自動メニュー」は
表示画面に従ってメニューを選び、
決定ボタンを押すと自動で調理してくれる機能。
これに対し、「手動メニュー」は、
圧力調埋時間を自分で設定するので、
料理の幅とおいしさがさらに広がります。
この本のレシピはすべて「手動メニュー」で作ります。

1 内鍋に材料を入れて本体にセットし、ふたを閉める。

2 「手動メニュー」を選び、「決定」ボタンを押す。

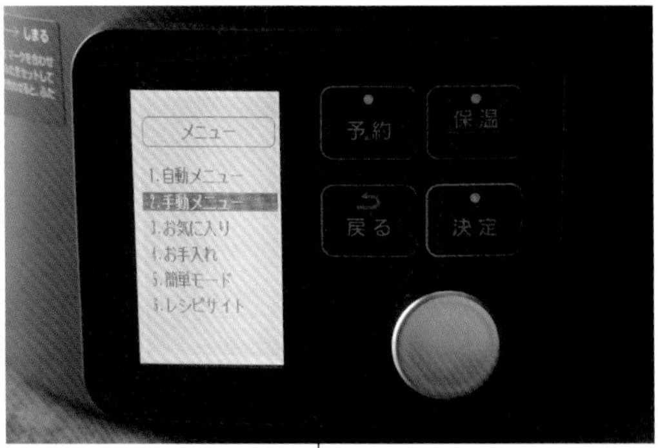

3 「圧力調理」を選び、「決定」ボタンを押す。

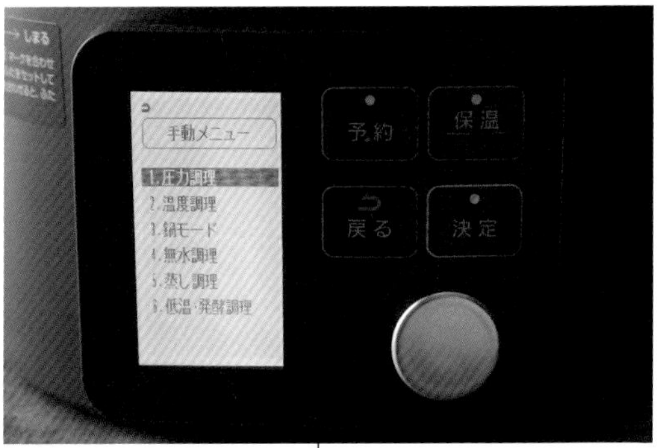

4 「加圧時間」を設定し、「決定」ボタンを押す。

※加圧時間に減圧時間（約40分）を加えた調理時間が表示される（鍋モードで炒めたり、煮詰めたりする時間は含まれない）。

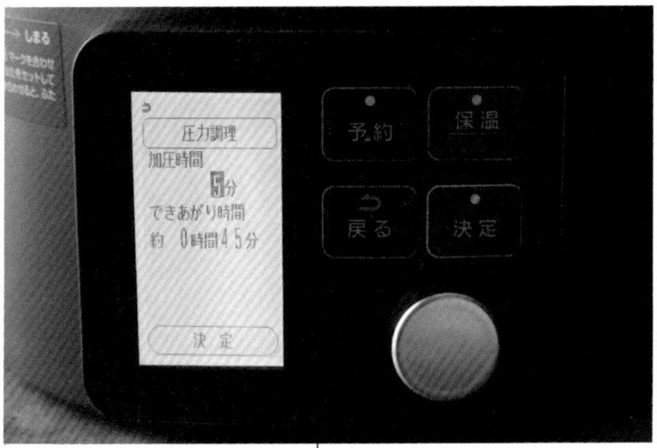

5 おもりのレバーを「密封」側に回し、「決定」ボタンを押す。

圧力調理スタート！

鍋モードの使い方

「鍋モード」にすると、調理鍋として使えます。圧力調理の前に材料を炒めたり、仕上げに煮汁を煮詰めたりするときに便利です。

1 「手動メニュー」の中から「鍋モード」を選び、「決定」ボタンを押す。

2 料理に合わせて火力を設定する。

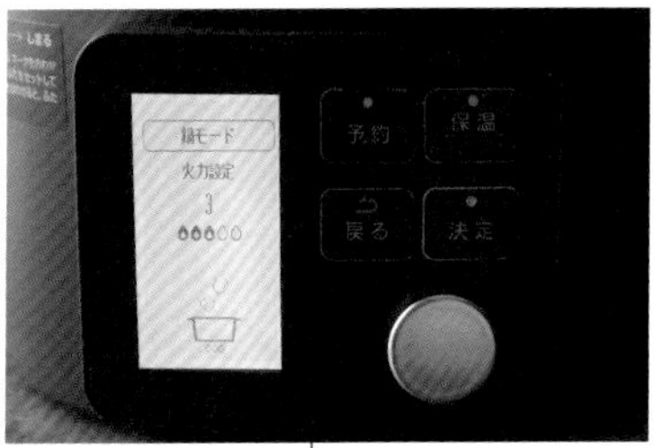

3 加圧前後の調理に使用する。

加圧前に炒める。

加圧後に煮詰める。

調理前に知っておきたいこと

おいしく安全に調理するために、
圧力調理ならではのルールを覚えておきましょう。

下味は必要ありません

圧力調理の場合、基本的に下味は不要。なぜなら、肉や魚のほか、れんこんやにんじん、セロリといった一部の野菜は、食材自身に塩分を含んでいるからです。圧力調理は水分の蒸発が少ないので、その塩分が食材の中に閉じ込められることに。このため、下味をつけるといつもより塩気を強く感じてしまいます。

圧力調理できない食材

カレールウやデミグラスソースのようにとろみや粘り気があるもの、牛乳、多量の油を使う料理などは、圧力調理できません。蒸気経路が詰まったり、蒸気がふき出す恐れがあり、やけどやけがの原因になる場合があります。

加圧前後に時間がかかります

食材を入れてスイッチを押したら、加圧が始まり、圧力表示ピンが上がります。その後、設定した時間の加圧が終わったら、圧力が下がり始め、圧力表示ピンが下がります。調理終了のブザーが鳴るまでそのまま置いてから、ふたを開けます。

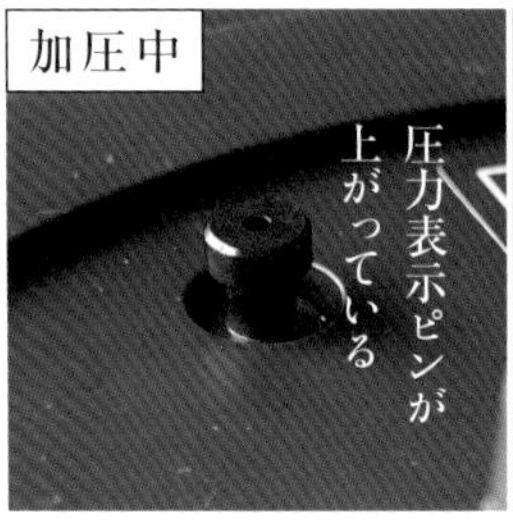

お手入れの方法

長く安全に使い続けるために、使い終わったら必ずお手入れを。
パーツごとに、それぞれお手入れの方法が異なります。

ふた

パッキンを取り外し、それぞれ台所用中性洗剤で洗う。

洗い終わったら、水気をきって乾かす。ふたは、写真のように接続部を下にすると水気がよくきれる。

時々、おもりや調圧弁もふたから取り外し、台所用中性洗剤で洗って汚れを取り除く。

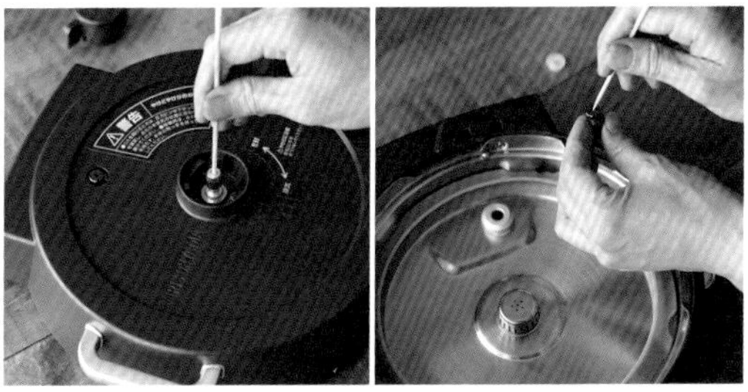

おもりや圧力表示ピンの詰まりは、竹ぐしなどで取り除く。

内鍋

台所用中性洗剤で洗う。

本体

水気をよく絞ったふきんでふいて清潔に。

部品のつけ忘れに注意！

はじめての電気圧力鍋 Q & A

「こんなときどうすれば?」「こんなことしてもいいの?」など、電気圧力鍋に関する素朴な疑問にお答えします。

Q.1

ほかのメーカーや機種の電気圧力鍋を使う場合は?

A 機能面に大きな違いはありませんが、加圧時間、設定方法、機能の名称などが異なるため、取扱い説明書をよく確認してから使用してください。P.94〜95にメーカー別加圧時間の目安があるのでそちらも参照してください。

Q.2

容量が多い製品なら、倍量で作ってもいいですか?

A 基本的には、材料を倍量にすればOKです。ただし、味や水分の加減が必要な場合も。仕上がりの様子を見て調味料を足したり、鍋モードで煮詰めたりするなどしてください。

Q.3

無水調理もできますか?

A 電気圧力鍋は、食材から出る水分を生かした無水調理が可能です。特に水分の多い野菜を使った料理などは、無水調理することでうまみが凝縮され、おいしさがアップします。この本では、無水調理のレシピにマークを入れています。

Q.4

材料の重さは、きちんと量った方がいいですか?

A 加圧時間は、材料の重さによって変わってくるので、レシピの分量通りに計量しましょう。野菜の場合は、個数はあくまでも目安。必ず、正味分量(ヘタや皮を除いた重さ)を参照してください。

Q.5

料理のにおい移りが気になります。

A においや汚れが気になるときは、「お手入れ」機能を利用するのがおすすめ。約30分でお手入れが可能です。

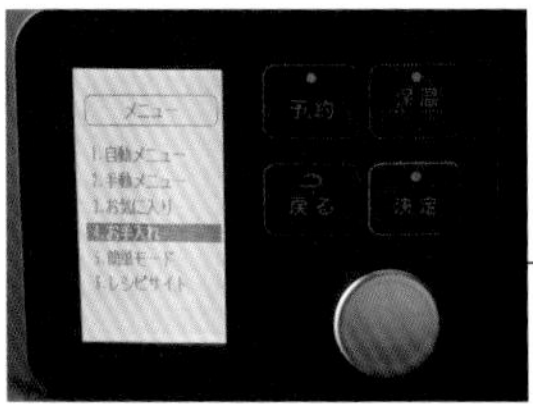

「お手入れ」を選んで「決定」ボタンを押す。

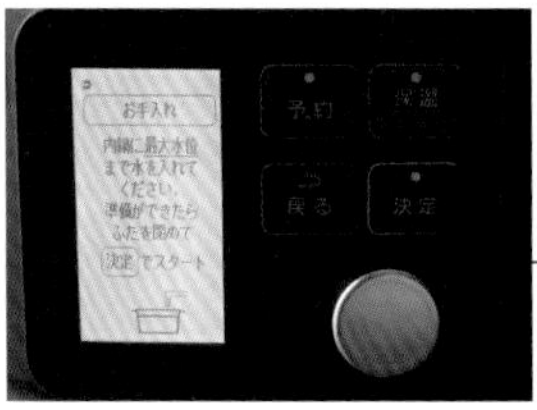

内鍋に指示通りの水を入れ、おもりのレバーを「排気」側に回し、「決定」ボタンを押す。

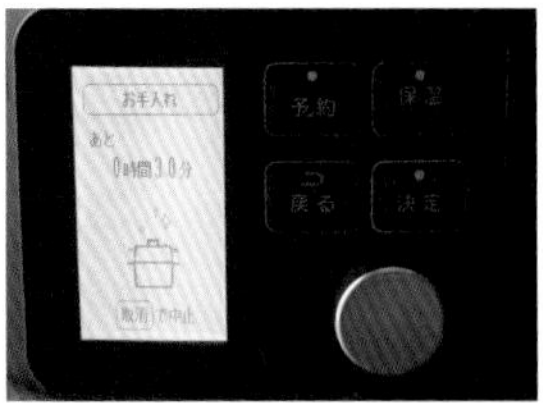

お手入れスタート!

part 1　ごちそうおかず

電気圧力鍋を使えば、特別な日やおもてなしの食卓が華やかに！
塊肉や骨つき肉のメニュー、魚介の蒸し料理、具だくさんのおこわ
といったごちそうが驚くほど手軽においしく作れます。

やわらか煮豚

電気圧力鍋でまず試してほしいのが、塊肉を使ったごちそうメニュー！豚肉にたこ糸を巻かなくても形がくずれず、味もよくしみ込みます。煮汁に加えた味しみゆで卵も美味。好みでからしを添えても。

圧力調理前（1）

20分加圧

圧力調理後（1）

ゆで卵を煮る（2）

チンゲン菜を煮る（3）

材料　作りやすい分量

豚肩ロース肉（塊）……約400g

A | 長ねぎ（青い部分）……1本分
　| しょうが（薄切り）……3〜4枚

B | 酒、しょうゆ、みりん……各1/4カップ
　| 砂糖……大さじ1/2〜1
　| 水……1カップ

ゆで卵……3個

チンゲン菜……1株

作り方

1　圧力鍋の内鍋に**B**を合わせ、豚肉、**A**を加えてひと混ぜする。ふたをして20分圧力調理する。

2　終わったらふたを開け、長ねぎを除き、鍋モードの強火にし、ゆで卵を加えて5分ほど煮る。鍋モードを止めてそのまま粗熱を取る。

3　豚肉とゆで卵を取り出して食べやすく切る。再度鍋モードの強火で煮汁を温め直し、根元を落として切り離したチンゲン菜を加えてさっと煮る。

ハッシュドポーク

薄切り肉ではなく、塊肉をひと口大に切って作るからボリューム満点。
素材のうまみが溶け出した煮汁も滋味深い味わいです。
パンはもちろん、バターライスに添えてもおいしい！

材料 2〜3人分

豚肩ロース肉（塊）……250〜300g

A にんにく（すりおろし）……小さじ1
　こしょう……少々

玉ねぎ……小1個（正味150g）

エリンギ……1パック（正味100g）

バター……15g

B 水……1カップ
　赤ワイン……1/4カップ
　洋風スープの素（顆粒）……小さじ1
　ローリエ（あれば）……1枚
　トマトケチャップ……大さじ2
　塩……小さじ1/4
　こしょう……少々

C バター（室温に戻す）……15g
　小麦粉……大さじ1と1/2

グリンピース（ゆでたもの）……適量

作り方

1 豚肉はひと口大に切り、**A**をもみ込む。玉ねぎは薄切りにする。エリンギは縦半分に切り、斜め切りにする。

2 圧力鍋の内鍋にバターを入れて鍋モードの強火にし、玉ねぎ、エリンギを炒める。しんなりしたら豚肉を加えて炒め、**B**を加え、鍋モードを止める。

3 ふたをして15分圧力調理する。**C**はよく混ぜ合わせておく。

4 終わったらふたを開け、鍋モードの中火にする。**C**に煮汁を少し加えて溶きのばし、圧力鍋に戻し入れる。とろみがついたら塩少々（分量外）で味を調え、グリンピースを加える。

炒める（2）

圧力調理前（3）

15分加圧

圧力調理後（3）

とろみをつける（4）

ビーフシチュー

電気圧力鍋を使えば、ビーフシチューがお店のような本格的な味に。
玉ねぎはもちろん、牛肉もトロトロにやわらかくなります。
牛肉の食感を残したいときは、加圧時間を15分に減らして。

材料 2〜3人分

牛すね肉……300〜350g

A にんにく（すりおろし）……小さじ1
こしょう……少々

小麦粉……大さじ1/2

玉ねぎ……1/2個（正味100g）

じゃがいも（メークイン）……1個（正味120〜150g）

マッシュルーム……80g（正味）

トマト……1個（正味150g）

サラダ油……小さじ1

バター……20g

B ローリエ（あれば）……1枚
洋風スープの素（顆粒）……小さじ1
赤ワイン……1/4カップ
水……1/2カップ

デミグラスソース缶……1缶（290g）

C トマトケチャップ、ウスターソース……各大さじ1

さやいんげん（ゆでて半分に切る）……適量

作り方

1 牛肉は**A**をもみ込み、小麦粉をまぶす。玉ねぎはくし形切り、じゃがいもは大きめのひと口大に切る。マッシュルームは半分に切る。トマトは2cm角に切る。

2 圧力鍋の内鍋にサラダ油を入れ、鍋モードの強火で熱し、牛肉の表面を焼きつけて取り出す。

3 そのままバターを入れ、マッシュルーム以外の**1**の野菜を加えて炒める。全体がなじんだら**2**を戻し入れ、鍋モードを止める。

4 **B**を加え、ふたをして20分圧力調理する。終わったらふたを開け、マッシュルーム、デミグラスソース、**C**を加えて鍋モードの強火にし、5分ほど煮詰める。塩少々（分量外）で味を調え、いんげんを加える。

牛肉を焼く（2）

圧力調理前（4）

20分加圧

圧力調理後（4）

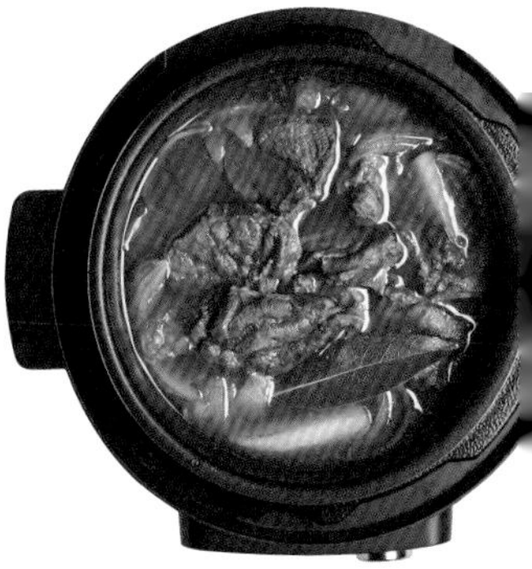

煮詰める（4）

ローストビーフ

たった1分の加圧でほどよいロゼ色に熱が通って大成功！
牛肉を室温に戻しておく必要もありません。
しっとりなめらか、極上の口あたりが楽しめます。

材料 作りやすい分量

牛もも肉（塊）……約500g

A
- にんにく（すりおろし）……1かけ分
- サラダ油、しょうゆ……各大さじ1/2
- 塩、粗びきこしょう……各小さじ1/2
- ローズマリー（あれば）……1〜2本

くず野菜（玉ねぎ、セロリの葉、にんじんの皮など）……適量

B
- トマトケチャップ……大さじ2
- オイスターソース……大さじ1
- にんにく（すりおろし）……少々

クレソン（好みで）……適量

作り方

1 牛肉は**A**をもみ込む。圧力鍋の内鍋を鍋モードの強火で熱し、牛肉の全面を焼きつけ、一度取り出す。鍋モードを止める。

2 圧力鍋の内鍋にくず野菜を敷き詰め、**1**を戻し入れて水1/2カップを注ぐ。ふたをして1分圧力調理する。

3 終わったらふたを開けて牛肉を取り出し、粗熱を取る。食べやすく切って器に盛り、合わせた**B**と好みでクレソンを添える。

牛肉を焼く（1）

圧力調理前（2）

1分加圧

圧力調理後（2）

ゆで豚

韓国では「ポッサム」と呼ばれ、親しまれているメニューです。野菜で巻いてみそ風味のたれをつけるのがおいしい食べ方。ゆで汁は豚汁やスープ、炊き込みごはんなどに活用しても。

圧力調理前（1）

20分加圧

圧力調理後（1）

材料 作りやすい分量

豚バラ肉（塊）、豚肩ロース肉（塊）……各約350g
塩……小さじ2
好みの野菜（サンチュ、青じそ、きゅうり、にんじんなど）、
白菜キムチ……各適量
A みそ……大さじ2
みりん……大さじ1
コチュジャン、ごま油、酢……各小さじ1

作り方

1 豚肉は塩をもみ込む。圧力鍋の内鍋に入れ、水2カップを注ぐ。ふたをして20分圧力調理する。

2 終わったらふたを開け、そのまま粗熱を取る。取り出して食べやすく切り分ける。器に盛り、野菜やキムチ、合わせた**A**のたれを添える。

骨つき
照り焼きチキン

オーブンで焼くのとはひと味違う、ほろほろのチキンが完成！
骨つきだから、うまみの濃さが段違いです。
ゆで汁で作った簡単スープを添えれば、立派な献立に。

材料 2本分

骨つき鶏もも肉……2本（1本あたり280〜300g）

A 酒……大さじ1
にんにく、しょうが（各すりおろし）……各小さじ1
こしょう……少々

サラダ油……小さじ1

酒……大さじ3

B しょうゆ、みりん……各大さじ2
砂糖……大さじ1/2

ベビーリーフ（好みで）……適量

作り方

1 鶏肉は**A**をもみ込む。圧力鍋の内鍋にサラダ油を入れ、鍋モードの強火で熱し、鶏肉を皮目から入れて焼き、裏返して同様に焼く。鍋モードを止める。

2 酒、水1カップを加え、ふたをして5分圧力調理する。終わったらふたを開け、スープを取り出す。

3 合わせた**B**を加えて鍋モードの強火にし、煮からめる。器に盛り、好みでベビーリーフを添える。

おまけのスープ
作り方**2**で取り出したスープは、塩、こしょうで味を調え、長ねぎ（みじん切り）や白すりごまを加えれば、おいしい一品に。

鶏肉を焼く（1）

圧力調理前（2）

5分加圧

圧力調理後（2）

煮からめる（3）

魚介の白ワイン蒸し

魚介を野菜やハーブなどと一緒に煮込んだブイヤベース風。
かくし味のベーコンでコクをプラスするのがコツ。
魚はたらのほか、鯛やすずきなどの白身魚でもOK。

圧力調理前(2)

1 分加圧

圧力調理後(2)

材料 2～3人分

白身魚(たらの切り身など)……2切れ(200g)
有頭えび……3尾
あさり(砂抜きしたもの)……100g
ベーコン……1枚(15～20g)
玉ねぎ……1/4個(正味50g)
セロリ……1/3本(正味30g)
トマト……2個(正味300g)
オリーブオイル……大さじ1
A にんにく(薄切り)……1かけ分
タイム(あれば)……2～3本
B 湯……1/2カップ
白ワイン……大さじ2
サフラン(あれば)……少々
パセリ(みじん切り・好みで)……適量

作り方

1 白身魚はひと口大に切る。あさりは殻をこすり合わせて洗う。ベーコン、玉ねぎ、セロリは粗みじん切りにし、トマトは2cm角に切る。

2 圧力鍋の内鍋に**1**の野菜とベーコン、オリーブオイルを入れて混ぜ、**1**の魚介、えび、**A**、合わせた**B**を加える。ふたをして1分圧力調理する。

3 終わったらふたを開け、塩、こしょう各少々(分量外)で味を調える。器に盛り、好みでパセリをふる。

鯛とたけのこのおこわ

特別な日に作りたい、味も見栄えも抜群の一品。
小鯛の代わりに鯛の切り身2切れをのせて同様に炊いても。

圧力調理前（3）

5 分加圧

圧力調理後（3）

材料　作りやすい分量

米、もち米……各1合
小鯛……1尾（300g・25〜30cm長さ）
ゆでたけのこ……50g（正味）
にんじん……30g（正味）
しょうが……5g
A
- だし汁（※）……1と1/2カップ
- 薄口しょうゆ……大さじ2
- 酒……大さじ1
- みりん……大さじ1/2

※P.81の昆布といりこのだしでも。

作り方

1 鯛はうろこと内臓を取ってよく洗う。大きければ尾を切り落とす。米は洗ってざるに上げる。もち米は2回ほどさっと洗って米と一緒にざるに上げ、水気をよくきって圧力鍋の内鍋に入れる。合わせた**A**を加えて軽く混ぜる。

2 たけのこ、にんじんは4〜5cm長さの細切り、しょうがはせん切りにする。

3 **1**に**2**を加え、鯛をのせる。ふたをして5分圧力調理する。

4 終わったらふたを開け、鯛の頭と骨を取り除きながら、全体を混ぜる。塩少々（分量外）で味を調える。

part 2　肉のおかず

ほろっとやわらかく煮たり、しっとり蒸したりと、
電気圧力鍋が肉の味わいや食感を引き出す実力は想像以上！
いつものおかずが一気にレベルアップします。

豚スペアリブの煮込み

電気圧力鍋の実力は、骨つき肉を煮てみると一目瞭然！
骨からほろっとはがれる感動的なやわらかさに仕上がります。
肉の中までしっかり味がしみ込むのもうれしい。

材料 2〜3人分

豚スペアリブ……500〜600g

A にんにく、しょうが（各すりおろし）……各小さじ1
こしょう……少々

B 酒、オイスターソース、しょうゆ、トマトケチャップ……各大さじ1
砂糖、酢……各小さじ1
八角（あれば）……1/2個

パクチー（好みで）……適量

作り方

1 スペアリブは**A**をもみ込む。

2 圧力鍋の内鍋に**1**、**B**、水1/2カップを入れ、軽く混ぜる。ふたをし、20分圧力調理する。

3 終わったらふたを開け、鍋モードの中火で5分ほど煮詰める。器に盛り、好みでパクチーを添える。

圧力調理前（2）

20分加圧

圧力調理後（2）

煮詰める（3）

おうちカレー

ごろごろ肉とおなじみの野菜で作るなつかしい味のカレー。
じゃがいもも煮くずれしないので、存在感たっぷり。
カレールウは、圧力調理が終わってから余熱で溶かします。

圧力調理前(2)

10分加圧

圧力調理後(2)

ルウを溶かす(余熱で)

材料 2〜3人分

豚肉(カレー用)……250g
玉ねぎ……小1個(正味150g)
じゃがいも(メークイン)……2個(正味300g)
にんじん……1/2本(正味80g)
A | にんにく(すりおろし)……小さじ1/2〜1
　| バター……20g
カレールウ……80g
温かいごはん……適量
らっきょう、福神漬け(各好みで)……各適量

作り方

1 玉ねぎはくし形切り、じゃがいもは大きめの乱切り、にんじんは乱切りにする。

2 圧力鍋の内鍋に**1**と豚肉を入れ、水1と1/2カップを加える。ふたをして10分圧力調理する。

3 終わったらふたを開け、**A**を加える。刻んだカレールウを溶き入れ、余熱で溶かす。器に盛ったごはんにかけ、好みでらっきょう、福神漬けを添える。

無水調理

豚バラと大根のキムチ煮込み

キムチと豚肉のうまみを吸った大根のおいしさは格別！
電気圧力鍋ごと食卓にのせ、豆腐や青菜など好みの具を追加して
キムチ鍋のように楽しむのもおすすめです。

豚肉を焼きつける(2)

圧力調理前(3)

15分加圧

圧力調理後(3)

材料 2〜3人分

豚バラ肉（塊）……250g
A 片栗粉……大さじ1/2
　こしょう……少々
大根……250g
白菜キムチ……150g
ザーサイ（市販・味つき）……20g
ごま油……小さじ1
B 紹興酒（または酒）……大さじ2
　オイスターソース、みりん……各大さじ1/2
　こしょう……少々
細ねぎ（小口切り）……少々

作り方

1 豚肉は3cm角に切り、**A**をまぶす。大根は長めの乱切りにする。ザーサイは粗みじん切りにする。

2 圧力鍋の内鍋にごま油を入れ、鍋モードの強火で熱し、豚肉を焼きつける。余分な脂をふき取り、鍋モードを止める。

3 残りの**1**とキムチを加え、合わせた**B**を回し入れる。ふたをして15分圧力調理する。器に盛り細ねぎを散らす。

無水調理

ルーロー飯《ハン》

甘辛く煮込んだ豚肉をごはんにかけた台湾の人気メニュー。
水を一切加えずに加圧して、玉ねぎから出る水分とうまみを生かします。

圧力調理前(2)

7 分加圧

圧力調理後(2)

さっと煮る(3)

材料 2〜3人分

豚バラ肉(塊)……300g
玉ねぎ……1/2個(正味100g)

A
にんにく、しょうが(各みじん切り)……各小さじ1
紹興酒(または酒)、砂糖、しょうゆ……各大さじ2
酢……小さじ1
八角(あれば)……1/2個

ゆで卵……2〜3個
豆苗(長さを半分に切る)……1/2パック
温かいごはん……適量
フライドオニオン(好みで)……適量

作り方

1 豚肉は1.5cm角くらいに切る。玉ねぎは薄切りにする。

2 圧力鍋の内鍋に**1**、**A**を入れて軽く混ぜる。ふたをして7分圧力調理する。

3 終わったらふたを開け、ゆで卵と豆苗を加え、鍋モードの中火でさっと煮る。ゆで卵は半分に切る。

4 器にごはんを盛って**3**をのせ、好みでフライドオニオンを散らす。

塩麹風味のごろごろ豚汁

食べ応えのあるスペアリブを使った、圧力調理ならではの豚汁。
まろやかな塩麹が素材のおいしさを引き立てます。

圧力調理前(2)

7 分加圧

圧力調理後(2)

材料 2〜3人分

豚スペアリブ(ハーフカット)……200g
大根、里芋……各100g
にんじん、ごぼう、長ねぎ、こんにゃく
(アク抜き済みのもの)……各50g(各正味)
だし汁(※)……1と1/2カップ
A | 塩麹……大さじ1〜1と1/2
 | みそ……小さじ1
七味唐辛子(好みで)……適量
※P.81の昆布といりこのだしでも。

作り方

1 大根、里芋、にんじんはひと口大に切る。ごぼうは乱切りにし、さっと洗う。長ねぎは3cm幅に切る。こんにゃくはひと口大にちぎる。

2 圧力鍋の内鍋に**1**、スペアリブ、だし汁を入れる。ふたをして7分圧力調理する。

3 終わったらふたを開け、**A**を溶き入れる。器に盛り、好みで七味唐辛子をふる。

チキンのトマト煮

わずか7分の加圧で手羽元とトマトのうまみを引き出します。
加圧前に手羽元をこんがりと焼きつけ、
加圧後に煮詰めることでぐっと本格的な味わいに。

材料 2〜3人分

鶏手羽元……6本（約360g）

A こしょう……少々
小麦粉……小さじ1

玉ねぎ……1/2個（正味100g）

エリンギ……1パック（正味100g）

にんにく（薄切り）……4〜5枚

オリーブオイル……小さじ1

B トマト缶（カットタイプ）……1/2缶（200g）
洋風スープの素（顆粒）……小さじ1/2
はちみつ……小さじ1
バルサミコ酢（あれば）……小さじ1
塩……小さじ1/2
こしょう……少々

粉チーズ（好みで）……適量

作り方

1 鶏肉は**A**を順にまぶす。玉ねぎは薄切りにする。エリンギは食べやすく裂く。

2 圧力鍋の内鍋にオリーブオイル、にんにくを入れて鍋モードの強火にし、手羽元の表面を焼きつけて取り出す。そのまま玉ねぎ、エリンギを入れて炒める。しんなりしたら手羽元を戻し入れ、鍋モードを止める。

3 合わせた**B**、水1/4カップを加え、ふたをして7分圧力調理する。

4 終わったらふたを開け、鍋モードの強火にして5分ほど煮詰め、塩、こしょう各少々（分量外）で味を調える。器に盛り、好みで粉チーズをふる。

手羽元を焼きつける（2）

圧力調理前（3）

7分加圧

圧力調理後（3）

煮詰める（4）

鶏むね肉のしっとり蒸し

これぞ、電気圧力鍋のマジック！ パサつきやすい鶏むね肉が
極上の食感に蒸し上がります。風味豊かな梅風味のたれも絶品。

圧力調理前(2)

1 分加圧

圧力調理後(2)

材料 作りやすい分量

鶏むね肉……2枚(500g)
塩麹……大さじ1
A 青じそ(粗みじん切り)……4〜5枚
長ねぎ(粗みじん切り)……20g
梅干し(種を取ってたたく)……大1個
サラダ油……大さじ1
水菜(ざく切り)……適量

作り方

1 鶏肉はところどころをフォークで刺し、塩麹をもみ込む。

2 圧力鍋の内鍋に水1/4カップを入れ、**1**を入れる。ふたをして1分圧力調理する。終わったらふたを開け、粗熱を取って薄切りにする。

3 器に盛り、**A**を合わせたたれをかけ、水菜を添える。

鶏手羽先と高菜のにんにく煮

うまみ素材と一緒に加圧して鶏手羽先をごちそうに！
にんにくと高菜の風味が後を引き、何度も食べたくなる味です。

手羽先を焼きつける（1）

圧力調理前（2）

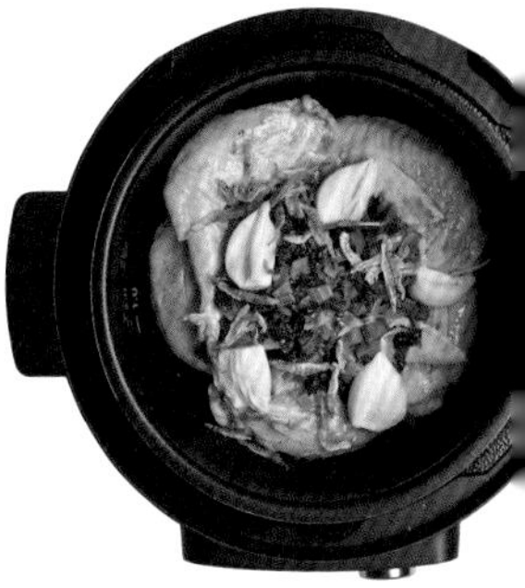

7分加圧

圧力調理後（2）

材料 2人分

鶏手羽先……6本（約360g）
こしょう……少々
ごま油……小さじ1

A
- にんにく（つぶす）……大2～3個分
- 高菜漬け（粗みじん切り）……50g
- 桜えび……大さじ1

B
- しょうゆ……大さじ1
- 酢……大さじ1/2
- こしょう……少々

作り方

1 鶏手羽先は皮に切り込みを入れ、こしょうをもみ込む。圧力鍋の内鍋にごま油を入れ、鍋モードの強火で熱し、手羽先を皮目から焼きつける。裏返して同様に焼き、鍋モードを止める。

2 **A**と水1/4カップを加えてふたをし、7分圧力調理する。

3 終わったらふたを開けて器に盛り、合わせた**B**を添える。

鶏のチーズクリーム煮

煮汁にチーズを溶かした、まろやかな味わいの煮込み。
チーズはブルーチーズやカマンベールチーズなどお好みで。

圧力調理前（2）

7 分加圧

圧力調理後（2）

チーズを溶かす（3）

材料 2人分

鶏もも肉……1枚（350g）
A　にんにく（すりおろし）……小さじ1
　　こしょう……少々
玉ねぎ……1/2個（正味100g）
セロリ……1/2本（正味50g）
エリンギ……1パック（正味100g）
バター……10g
B　洋風スープの素（顆粒）……小さじ1/2
　　水……1カップ
好みのチーズ……60〜80g
粗びきこしょう……少々

作り方

1 鶏肉は4等分に切り、**A**をもみ込む。玉ねぎ、セロリは粗みじん切りにする。エリンギは食べやすく切る。

2 圧力鍋の内鍋に**1**を入れてバターをのせ、合わせた**B**を加える。ふたをして7分圧力調理する。

3 終わったらふたを開け、鍋モードの中火にし、チーズをちぎりながら加えて溶かす。器に盛り、こしょうをふる。

鶏手羽元ともち麦のこしょう煮込み

スパイシーな鶏手羽元ともち麦の食感が相性抜群！
こんな煮込み料理が気軽に作れるのも電気圧力鍋の魅力です。

圧力調理前(2)

7 分加圧

圧力調理後(2)

材料 2人分

鶏手羽元……6本(約360g)
A |塩、粗びきこしょう……各小さじ1/2
長ねぎ……1/2本(正味50g)
もち麦……1/4カップ(50g)
にんにく(つぶす)、しょうが(薄切り)
……各1かけ分

作り方

1 鶏手羽元は**A**をもみ込む。長ねぎは3cm幅に切る。もち麦はさっと洗う。

2 圧力鍋の内鍋に**1**、にんにく、しょうが、水1と1/2カップを入れ、軽く混ぜる。ふたをして7分圧力調理する。

3 終わったらふたを開け、塩少々(分量外)で味を調える。

煮込みハンバーグ

電気圧力鍋で作れば、いつものハンバーグがランクアップ！
かたくならずにふっくらやわらか、理想の仕上がりに。
デミグラスソース缶は加圧後に加えて煮詰め、うまみを凝縮させます。

材料 2人分

合いびき肉……200g
A 塩、こしょう、ナツメグ……各少々
B 卵……1/2個
パン粉……1/4カップ
玉ねぎ（みじん切り）……50g
にんにく（すりおろし）……小さじ1/2
玉ねぎ……1/2個（正味100g）
マッシュルーム……60〜80g
ミニトマト……6個（正味約100g）
バター……10g
赤ワイン……1/3カップ
洋風スープの素（顆粒）……小さじ1
C デミグラスソース缶……1/2缶（150g）
砂糖……小さじ1
生クリーム（好みで）……適量

作り方

1 ボウルにひき肉と**A**を入れ、粘りが出るまでよく混ぜる。**B**を加えてさらによく混ぜ、2等分にして丸める。

2 玉ねぎは薄切り、マッシュルームは4〜5等分にスライスする。

3 圧力鍋の内鍋に**1**を入れて鍋モードの強火で熱し、両面に焼き色をつけ、取り出す。続いてバターを入れ、**2**を炒める。全体がなじんだら赤ワインを加える。

4 沸騰したら水1/2カップとスープの素、ミニトマトを加え、**3**のハンバーグを戻し入れて鍋モードを止める。ふたをして1分圧力調理する。

5 終わったらふたを開け、鍋モードの強火にして**C**を加える。沸騰したら鍋モードの中火にして、時々混ぜながら7分ほど煮詰め、塩、こしょう各少々（分量外）で味を調える。器に盛り、好みで生クリームをかける。

焼きつける（**3**）

炒める（**3**）

圧力調理前（**4**）

1 分加圧

圧力調理後（**4**）

ソースを加えて煮る（**5**）
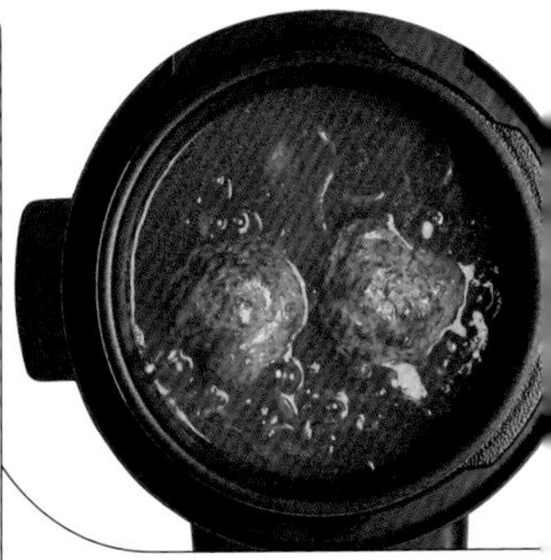

肉じゃが

普段の煮物こそ、電気圧力鍋でラクに作りたい！
じゃがいもの形がしっかり残り、存在感を発揮します。

圧力調理前（2）

5 分加圧

圧力調理後（2）

煮詰める（3）

材料 2人分

牛こま切れ肉……150g
玉ねぎ……1/2個（正味100g）
じゃがいも……小2個（正味250g）
にんじん……小1/2本（正味60g）
A
だし汁……1/4カップ
酒、砂糖……各大さじ2
しょうゆ……大さじ1と2/3〜2
さやいんげん（ゆでたもの）……50g

作り方

1 玉ねぎはくし形切りにする。じゃがいもは1個を4等分に切る。にんじんは乱切りにする。

2 圧力鍋の内鍋に**1**と牛肉を入れ、合わせた**A**を加える。ふたをして5分圧力調理する。

3 終わったらふたを開け、鍋モードの強火にし、汁気が少し残る程度に煮詰める。4〜5cm長さに切ったいんげんを加える。

牛すじごぼうのみそ煮

手間のかかる牛すじ肉も電気圧力鍋なら簡単に調理できます。
トロトロの食感が好みの場合は、加圧時間を40分にして。

下ゆでする(1)

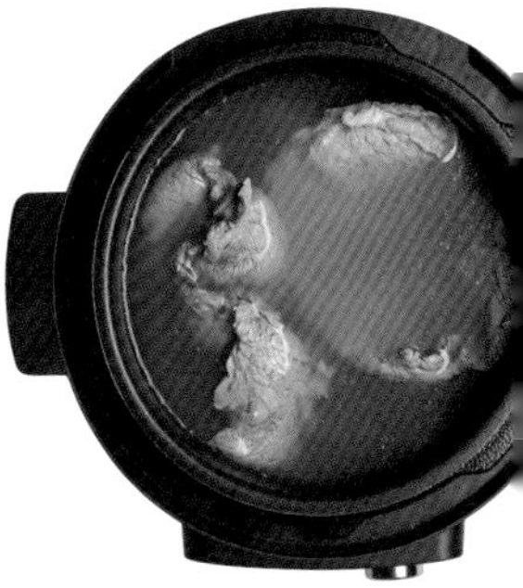

圧力調理前(2)

30分加圧

圧力調理後(2)

材料 2〜3人分

牛すじ肉……300g
ごぼう……100g
しょうが(せん切り)……5g
A だし汁……1/4カップ
酒……大さじ2
しょうゆ、みりん……各大さじ1/2
砂糖……大さじ1
みそ……大さじ1と1/2
長ねぎ(小口切り・好みで)、
七味唐辛子(好みで)……各適量

作り方

1 圧力鍋の内鍋に水3カップを入れて鍋モードの強火にし、沸騰したら牛すじ肉を入れる。色が変わったら鍋モードを止め、ゆでこぼして、流水でよく洗う。水気をよくきり、ひと口大に切る。ごぼうは長めの乱切りにする。

2 圧力鍋の内鍋に**1**、しょうが、**A**を入れる。ふたをして30分圧力調理する。

3 終わったらふたを開け、みそを溶き入れる。器に盛り、好みで長ねぎを散らし、七味唐辛子をふる。

無水調理

牛肉と大根の エスニック風煮物

やわらかく煮えた大ぶりの大根は味しみも最高！
ナンプラーやオイスターソースでひと味違うおいしさに。

圧力調理前(2)

5 分加圧

圧力調理後(2)

仕上げる(余熱で)

材料 2人分

牛肉(焼き肉用)……200g
片栗粉……大さじ1/2
大根……300g

A
- にんにく(薄切り)……4～5枚
- 赤唐辛子(小口切り)……少々

B
- 酒、ナンプラー……各大さじ1
- オイスターソース……小さじ1
- 砂糖……大さじ1/2～1
- こしょう……少々

赤ピーマン(せん切り)……1個(正味20g)

作り方

1 牛肉は片栗粉をまぶす。大根は6～7cm長さに切り、縦に6～8等分に切る。

2 圧力鍋の内鍋に**1**、**A**、合わせた**B**を入れる。ふたをして5分圧力調理する。

3 終わったらふたを開ける。赤ピーマンを加え余熱で火を入れ、ナンプラー少々(分量外)で味を調える。

part 3　魚のおかず

少しハードルが高い煮魚や魚介の煮込み、蒸し料理、
スープなども、電気圧力鍋なら煮くずれせず、美しい仕上がりに。
魚介料理のレパートリーがぐんと広がります。

ぶり大根

じっくり味をしみ込ませたい煮物こそ、電気圧力鍋の出番。
べっこう色の大根は、ぶりのうまみも移って完璧な煮上がりです。
ぶりは切り身、アラ、カマ、好みの部位でOK。

圧力調理前（2）

7分加圧

圧力調理後（2）

煮詰める（3）

材料 2～3人分

ぶり（切り身、アラ、カマ）……合わせて300～350g
大根……300g（正味）
だし昆布……1枚（5g）
しょうが（薄切り）……3～4枚
A 酒……1/4カップ
しょうゆ、みりん……各大さじ2
砂糖……大さじ1/2

作り方

1 ぶりの切り身はひと口大に切る。アラやカマと合わせて熱湯を回しかけ、臭みを取る。大根は2～3cm幅の半月切りにし、できれば面取りをする。だし昆布は2cm幅に切る。

2 圧力鍋の内鍋に**1**としょうがを入れ、合わせた**A**を回し入れる。ふたをして7分圧力調理する。

3 終わったらふたを開け、鍋モードの中火で5分ほど煮詰める。

あじの梅煮

ふたを開けてまず驚くのが、梅の風味のよさ。
青魚の臭みが消えて、すっきりした味わいが楽しめます。
いわしやさんまでもおいしく作れますよ。

圧力調理前(2)

1分加圧

圧力調理後(2)

材料 2人分

あじ……2尾（1尾あたり160～180g）
梅干し（塩分8～10%）……大2個
しょうが（薄切り）……3～4枚
A | しょうゆ、みりん……各大さじ1
生わかめ（ざく切り・好みで）……適量

作り方

1 あじはぜいごを取り、腹に切り込みを入れる。内臓を除いてよく洗い、水気をふいて半分に切る。

2 圧力鍋の内鍋に**1**を入れ、水1/4カップ、梅干し、しょうが、**A**を合わせて入れる。ふたをして1分圧力調理する。終わったらふたを開け、好みでわかめを加える。

無水調理

たらのトマトスープ

身がやわらかいたらも、圧力調理なら煮くずれなし！
トロトロになったトマトの濃厚なうまみが広がります。

圧力調理前(2)

1分加圧

圧力調理後(2)

材料 2人分

たら(切り身)……2切れ(160～200g)

A　にんにく(すりおろし)……小さじ1/2
　　こしょう……少々
　　小麦粉……小さじ1/2
　　タイム(あれば)……少々

トマト……3個(正味450g)

玉ねぎ……1/4個(正味50g)

塩……小さじ1/2

オリーブオイル(好みで)……適量

粗びきこしょう……少々

作り方

1 たらは**A**を順にもみ込む。トマト、玉ねぎは粗みじん切りにする。

2 圧力鍋の内鍋に**1**の野菜を入れ、塩を加えて混ぜる。たらをのせ、ふたをして1分圧力調理する。

3 終わったらふたを開け、塩少々(分量外)で味を調える。器に盛り、好みでオリーブオイルを回しかけ、こしょうをふる。

金目鯛の煮つけ

無水調理

煮魚を上手に作るのも、電気圧力鍋の得意分野。
とろみをつけた煮汁をつけながら食べて。

圧力調理前(2)

1分加圧

圧力調理後(2)

煮汁にとろみをつける(3)

材料 2人分

金目鯛(切り身)……2切れ(200g)
しょうが(薄切り)……3〜4枚
A 酒、みりん……各大さじ2
しょうゆ……大さじ1と1/2
B 片栗粉……小さじ1/2
水……大さじ1/2
三つ葉(ざく切り・好みで)、白髪ねぎ(好みで)
……各適量

作り方

1 金目鯛は皮に切り込みを入れる。

2 圧力鍋の内鍋に**1**、しょうが、合わせた**A**を入れる。ふたをして1分圧力調理する。

3 終わったらふたを開け、金目鯛を取り出す。鍋モードの中火にし、煮汁がふつふつしてきたら、合わせた**B**を溶き入れる。とろみがついたら鍋モードを止める。金目鯛を器に盛って煮汁をかけ、好みで三つ葉、白髪ねぎをのせる。

鮭ときのこのシチュー

圧力調理することできのこからエキスがたっぷり出て、
香り豊かなシチューに！ 鮭もふっくら仕上がります。
牛乳は加圧後に加えるのがポイント。

圧力調理前（2）

1分加圧

圧力調理後（2）

牛乳を加えて煮る（3）

材料 2人分

生鮭（切り身）……2切れ（200g）
A 白ワイン……小さじ1
こしょう……少々
玉ねぎ……1/2個（正味100g）
好みのきのこ（しめじ、エリンギなど）……合わせて150g（正味）
キャベツの葉……大1枚（正味100g）
B 洋風スープの素（顆粒）、塩……各小さじ1/2
こしょう……少々
牛乳……1と1/2カップ
C バター（室温に戻す）……20g
小麦粉……大さじ2
パセリ（みじん切り・好みで）……適量

作り方

1　鮭はひと口大に切り、**A**をもみ込む。玉ねぎは薄切りにする。きのこは食べやすいように、しめじは石づきを取ってほぐし、エリンギは乱切りにする。キャベツはひと口大に切る。**C**は混ぜておく。

2　圧力鍋の内鍋に玉ねぎ、キャベツときのこを合わせて入れ、鮭をのせる。**B**と水1/4カップを入れ、ふたをして1分圧力調理する。

3　終わったらふたを開け、牛乳を加える。鍋モードの中火にし、スープを**C**に少し加えて溶きのばし、戻し入れる。ひと煮立ちさせ、塩（分量外）で味を調える。器に盛り、好みでパセリをふる。

たこのやわらか煮

ひと口食べれば、そのやわらかさに感激するはず！
簡単にかみ切れて、味のしみ込み具合もバッチリです。

圧力調理前(2)

15分加圧

圧力調理後(2)

材料 作りやすい分量・3～4人分

ゆでだこの足……3～4本(400g)
しょうが(薄切り)……2～3枚
A だし汁……1/4カップ
酒、みりん……各大さじ1
薄口しょうゆ(またはしょうゆ)……小さじ1～1と1/2
絹さや(ゆでてせん切りにしたもの・好みで)、みょうが(薄切り・好みで)……各適量

作り方

1 たこの足は1本ずつ切り離す。

2 圧力鍋の内鍋に**1**、しょうが、**A**を入れる。ふたをして15分圧力調理する。

3 器に盛り、好みで絹さや、みょうがを添える。たこはひと口大に切って食べる。

さわらの香味蒸し

ハードルが高い蒸し魚も電気圧力鍋におまかせ！
香味野菜と一緒に加圧すると、風味よく蒸し上がります。

圧力調理前(2)

1分加圧

圧力調理後(2)

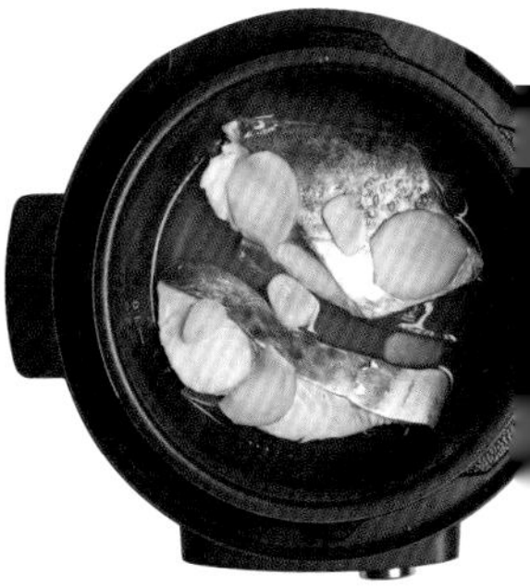

材料 2人分

さわら（切り身）……2切れ（160〜200g）
A | 酒、しょうゆ……各小さじ1/2
長ねぎ（青い部分）……1〜2本分
にんにく、しょうが（各薄切り）……各3〜4枚
酒、水……各大さじ2
白髪ねぎ、パクチー、赤ピーマン（せん切り）……各適量
B | 黒酢、しょうゆ……各大さじ1
| ごま油……小さじ1

作り方

1 さわらは**A**をもみ込む。
2 圧力鍋の内鍋に長ねぎを敷き、さわら、にんにく、しょうがをのせ、酒、水を加える。ふたをして1分圧力調理する。
3 器に盛り、白髪ねぎ、パクチー、赤ピーマンを添え、合わせた**B**をかける。

いかとえび、さや豆のくたくたスープ

魚介のうまみとさや豆のくったりした食感を楽しむひと皿。
さや豆は2〜3種類組み合わせるのがおすすめ。

圧力調理前②

1分加圧

圧力調理後②

材料 2〜3人分

好みのいか（白いか、するめいかなど）……1ぱい（240g前後）
えび（無頭・殻つき）……6尾（120g）
ベーコン……1枚（15〜20g）
さやいんげん……60g（正味）
スナップえんどう……8〜9本（正味60g）
グリンピース……50g（正味）

A
- にんにく（みじん切り）……小さじ1
- ローリエ（あれば）……1枚
- 洋風スープの素（顆粒）……小さじ1/2
- こしょう……少々

バター……適量
粗びきこしょう……少々

作り方

1 いかは内臓を取って洗い、胴は1cm幅の輪切りにし、足は食べやすく切る。えびは背に切り込みを入れて背ワタを取る。ベーコンは細切りにする。いんげんはヘタを取り、3〜4等分に切る。スナップえんどうはヘタと筋を取る。

2 圧力鍋の内鍋に**1**、グリンピースを入れ、**A**と水1と1/2カップを加える。ふたをして1分圧力調理する。

3 終わったらふたを開け、塩少々（分量外）で味を調える。器に盛り、熱いうちにバターをのせ、こしょうをふる。

part 4　野菜と豆のおかず

野菜本来のうまみや甘みを逃すことなく調理できるから、
食べ慣れたメニューが格別のおいしさに。
時間がかかる豆料理も、浸水なしでふっくら仕上がります。

ポトフ

大ぶりに切った野菜とベーコンも、電気圧力鍋を使えば
簡単にやわらかくなります。
素材から出るうまみたっぷりのスープも最後まで楽しんで。

材料 2人分

ベーコン（ブロック）……100g
玉ねぎ……1個（正味200g）
キャベツ……小1/4個（正味200g）
じゃがいも……1個（正味150g）
にんじん……大1/2本（正味100g）
ミニトマト（赤、黄）……各2〜3個（正味80〜120g）
A 洋風スープの素（顆粒）……小さじ1
ローリエ（あれば）……1枚
塩……小さじ1/2
こしょう……少々
粒マスタード（好みで）……適量

作り方

1 ベーコンは4等分に切る。玉ねぎ、キャベツは芯をつけたまま半分、または4等分に切る。じゃがいも、にんじんは斜め半分に切る。

2 圧力鍋の内鍋に水1と1/2カップと**A**を入れて混ぜ、**1**とミニトマトを加える。ふたをして5分圧力調理する。

3 終わったらふたを開け、塩少々（分量外）で味を調える。好みで粒マスタードを添える。

残ったスープで！
このポトフは、野菜から出る水分でおいしいスープがたっぷりできます。スープが残ったら、ゆでたパスタを加えてスープパスタにしても。スープを使って炊き込みごはんやリゾットにするのもおすすめです。

圧力調理前(2)

5分加圧

圧力調理後(2)

無水調理

カポナータ

野菜のうまみをぎゅっと閉じ込めた具だくさんな煮込み。
水を加えず野菜の水分だけで作るから、濃厚な味わいに仕上がります。
パンを添えて、煮汁も残さずどうぞ。

圧力調理前(2)

1 分加圧

圧力調理後(2)

材料 2〜3人分

玉ねぎ……1/2個（正味100g）
セロリ……2/3本（正味70g）
なす……1本（正味80g）
ズッキーニ……1本（正味150g）
トマト……大1個（200g）
オリーブオイル……大さじ1〜2

A
- アンチョビ（粗みじん切り）……10g
- ブラックオリーブ……6個
- にんにく（みじん切り）……小さじ1/2
- 白ワインビネガー……大さじ1
- 砂糖……小さじ1
- 塩……小さじ1/2
- オレガノ（あれば）、粗びきこしょう……各少々

作り方

1　野菜はすべて3cm角くらいに切る。

2　圧力鍋の内鍋に**1**を入れ、オリーブオイルを加えて全体に和え、**A**を加えて軽く混ぜる。ふたをして1分圧力調理する。

3　終わったらふたを開け、塩少々（分量外）で味を調える。

シュークルート風

無水調理

ソーセージと野菜をシンプルかつ豪快に煮込みます。
ワインビネガーの酸味が味のアクセントに。

圧力調理前(2)

1 分加圧

圧力調理後(2)

材料 2～3人分

好みのソーセージ……適量
じゃがいも(メークイン)……2個(正味250～300g)
キャベツ……1/4個(正味250g)
A
白ワインビネガー……大さじ2
オリーブオイル……大さじ1
塩……小さじ1/4
こしょう……少々
バター……10g
粒マスタード、トマトケチャップ(各好みで)……各適量

作り方

1 じゃがいもは縦半分に切る。キャベツは細切りにする。

2 圧力鍋の内鍋に**A**を合わせて入れ、キャベツを加え、軽く混ぜる。じゃがいも、ソーセージを加えてバターをところどころにちぎって入れる。ふたをして1分圧力調理する。

3 器に盛り、好みで粒マスタード、ケチャップを添える。

じゃがいもと玉ねぎの重ね煮

電気圧力鍋に材料を重ねて煮るだけで、大満足のごちそうに！
パンやワインと一緒に楽しみたい一品です。

圧力調理前（3）

3分加圧

圧力調理後（3）

材料 2〜3人分

玉ねぎ……1/2個（正味100g）
じゃがいも……2個（正味250g）
生ハム……30g
トマト缶（カットタイプ）……1/2缶（200g）
A　白ワイン（または酒）……大さじ1
　にんにく（すりおろし）、洋風スープの素（顆粒）、塩……各小さじ1/2
　こしょう……少々
バター……30g
パセリ（みじん切り・好みで）……適量

作り方

1 玉ねぎとじゃがいもは薄切りにする。生ハムはちぎる。トマト缶はボウルにあけ、**A**を加えてよく混ぜる。

2 圧力鍋の内鍋に水1/4カップを入れ、玉ねぎ、**1**のトマト、生ハムを半量ずつ順に重ね、バター半量をところどころにちぎってのせ、じゃがいもの半量をのせる。これをもう一度繰り返し、最後に残りのバターをちぎってのせる。

3 ふたをして3分圧力調理する。終わったらふたを開けて粗熱を取り、木べらなどで切り分けて器に盛る。好みでパセリをふり、しょうゆ少々（分量外）をかける。

丸ごとロールキャベツ

葉と葉の間に肉ダネをはさんでキャベツの形にし、電気圧力鍋へ！
包まず手軽にできる画期的なロールキャベツです。
ダイナミックな仕上がりに、食卓が盛り上がります。

材料 作りやすい分量

キャベツの葉……5枚（正味300g前後）
鶏ひき肉……300g
A にんにく（すりおろし）……小さじ1/2
　酒、水、片栗粉……各大さじ1と1/2
　塩……小さじ1/2
　こしょう……少々
小麦粉……適量
B 洋風スープの素（顆粒）……小さじ1
　塩、こしょう……各少々
クリームチーズ（室温に戻す・好みで）……適量
粗びきこしょう……少々

作り方

1 ボウルにひき肉と**A**を入れてよく混ぜる。

2 キャベツの内側に小麦粉を薄くまぶし、**1**を等分にして塗り、小麦粉少々をふる。これを重ねて層にする（**Point**）。

3 圧力鍋の内鍋に**2**の閉じ口を下にして入れ、水1カップで溶いた**B**を回しかける。ふたをして3分圧力調理する。

4 終わったらふたを開けて粗熱を取り、切り分ける。器に盛り、好みでクリームチーズを添え、こしょうをふる。

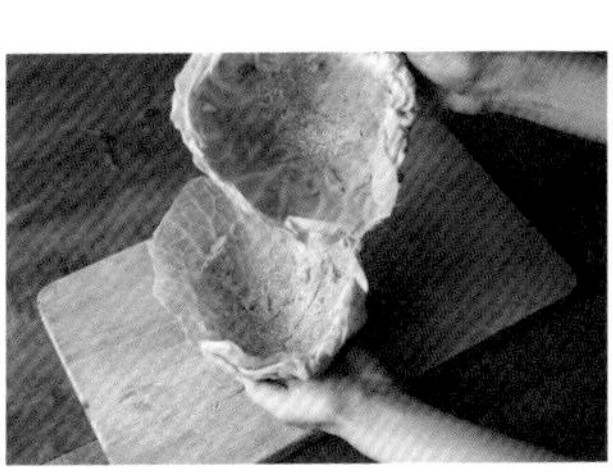

Point
キャベツの葉1枚ずつに肉ダネを塗って重ね、丸ごとのキャベツの形にする。

圧力調理前（3）

3 分加圧

圧力調理後（3）

無水調理

たたきごぼうとツナのしぐれ煮

たたいてから煮るので、ごぼうの繊維がほぐれて食べやすい！
手頃なツナ缶がうまみの素に。

圧力調理前②

7 分加圧

圧力調理後②

材料 作りやすい分量

ごぼう……200g（正味）
しょうが……5g
ツナ缶（オイル漬け）……小1缶（70g）
A 酒……大さじ2
しょうゆ、みりん……各大さじ1と1/2
砂糖……大さじ1/2

作り方

1 ごぼうはめん棒などでたたいて割りほぐし、5cm長さに切る。5分ほど水にさらしてざるに上げ、水気をよくふく。しょうがはせん切りにする。

2 圧力鍋の内鍋に**1**と缶汁を軽くきったツナ、**A**を入れ、ひと混ぜする。ふたをして7分圧力調理する。
※冷蔵庫で4〜5日保存できる。

れんこんと油揚げの煮物

圧力調理すると、れんこんがほっくりした食感に！
仕上げに加えたすりごまのコクも食欲をそそります。

圧力調理前②

3分加圧

圧力調理後②

材料 2〜3人分

れんこん……300g（正味）
油揚げ……2枚
糸こんにゃく……100g
A だし汁……1/4カップ
しょうゆ、砂糖……各大さじ1
オイスターソース……大さじ1/2
ごま油……小さじ1/2
白すりごま……大さじ1

作り方

1 れんこんは5〜6cm長さの棒状に切る。油揚げは縦半分に切り、横1cm幅に切る。糸こんにゃくは熱湯でゆでてざるに上げ、粗熱が取れたらざく切りにする。

2 圧力鍋の内鍋に**1**を入れ、合わせた**A**を加え、全体を軽く混ぜる。ふたをして3分圧力調理する。

3 終わったらふたを開け、すりごまを加えて混ぜる。

※冷蔵庫で3〜4日保存できる。

じゃがいものくず煮

丸ごとほくほくに煮たじゃがいもの甘さにびっくり！
加圧後にとろみをつけて、煮汁ごといただきます。

圧力調理前（1）

7 分加圧

圧力調理後（1）

とろみをつける（2）

材料　2〜3人分

じゃがいも……小4個（正味400g）
かに缶（ほぐし身）……小1缶（固形量55g）
A　だし汁……1カップ
　　薄口しょうゆ、みりん……各大さじ1/2
　　塩……少々
片栗粉……大さじ1/2
かいわれ菜（根元を切る）……適量

作り方

1　じゃがいもは皮をむいて圧力鍋の内鍋に入れ、かに（缶汁ごと）、合わせた**A**を加える。ふたをして7分圧力調理する。

2　終わったらふたを開け、鍋モードの強火にする。水大さじ**1**で溶いた片栗粉を回し入れ、とろみがついたら鍋モードを止める。器に盛り、かいわれ菜を添える。

丸ごとピーマン煮

野菜を大胆に丸ごと煮るだけで、おいしい一品がすぐにでき上がり！
好みでじゃこやみょうがなどをトッピングしても。

圧力調理前（2）

1分加圧

圧力調理後（2）

材料 作りやすい分量

ピーマン……5〜6個（正味150g）

A だし汁……1/4カップ
しょうゆ、みりん……各大さじ1
砂糖……小さじ1

作り方

1 ピーマンはところどころに包丁で切り込みを入れる。

2 圧力鍋の内鍋に**1**と**A**を入れ、ふたをして1分圧力調理する。

なすでもおいしい！
なす4〜5本（正味400g）はヘタを切り落とし、両面に斜めに切り込みを入れ、ピーマンと同様にして作る。

かぼちゃのポタージュ

かぼちゃを塊のまま加圧してから、つぶしてポタージュに。
簡単にできてうまみを逃さない、圧力調理ならではのレシピです。

圧力調理前(1)

3分加圧

圧力調理後(1)

牛乳を加えて煮る(2)

材料　作りやすい分量

かぼちゃ……1/4個(正味250g)
洋風スープの素(顆粒)……小さじ1
牛乳……1カップ

作り方

1 かぼちゃは種を取って圧力鍋の内鍋に入れ、洋風スープの素を水1/4カップで溶いて加える。ふたをして3分圧力調理する。

2 終わったらふたを開け、めん棒などでなめらかにつぶす。鍋モードの強火にし、牛乳を加えて混ぜひと煮立ちさせる。塩、こしょう各少々(分量外)で味を調える。

丸ごとかぶの
トロトロバタースープ

トロッと煮えたかぶは、スプーンで簡単にくずれるやわらかさ。
かぶのやさしい味わいを存分に堪能できます。

圧力調理前(2)

5分加圧

圧力調理後(2)

バターを溶かす(余熱で)

材料 作りやすい分量

かぶ……3個(正味300g)
かぶの葉……1個分
玉ねぎ……1/4個(正味50g)
A 洋風スープの素(顆粒)……小さじ1
水……1と1/2カップ(※)
バター……20g
※P.80のチキンスープ、P.82のベジブロスでも。

作り方

1 かぶは皮をむき、かぶの葉は小口切りにする。玉ねぎはみじん切りにする。

2 圧力鍋の内鍋に**1**と**A**を入れ、ふたをして5分圧力調理する。

3 終わったらふたを開け、バターを加えて余熱で溶かし、塩、こしょう各少々(分量外)で味を調える。

蒸し野菜いろいろ

シンプルに野菜を蒸したいときにも、電気圧力鍋は便利！
素材本来の味わいと食感を残した蒸し上がりに。
好みで塩やバター、メープルシロップなどを添えて。

さつまいも

材料（作りやすい分量）と作り方

圧力鍋の内鍋に水1/2カップを注いで蒸し台を入れる。さつまいも（蒸し台に入る大きさならOK）を皮つきのまま蒸し台にのせる。ふたをして10分圧力調理する。
※じゃがいも、里芋も皮つきのまま同様に蒸す。

圧力調理前

10 分加圧

圧力調理後

れんこん＆ごぼう

材料（作りやすい分量）と作り方

圧力鍋の内鍋に水1/2カップを注いで蒸し台を入れる。皮つきのまま食べやすく切ったれんこん、ごぼう（蒸し台に入る大きさならOK）を蒸し台にのせる。ふたをして5分圧力調理する。

圧力調理前

5 分加圧

圧力調理後

大豆の水煮

浸水なしでもふっくら仕上がるので、豆を煮るのが楽しくなるはず！
多めに煮ておけば、サラダやスープ、ピラフなどに幅広くアレンジできます。

材料 作りやすい分量

大豆（乾燥）……100g
水……2カップ
塩……ひとつまみ

作り方

大豆はさっと洗う。圧力鍋の内鍋にすべての材料を入れてふたをし、10分圧力調理する。

※粗熱が取れたら保存袋に入れ、冷蔵庫で3〜4日、冷凍庫で1か月保存できる。

圧力調理前

10 分加圧

圧力調理後

大豆の水煮で
大豆と野菜のダイスサラダ

材料 作りやすい分量

大豆の水煮（上記参照）……60g
きゅうり……1/2本（50g）
セロリ……1/3本（30g）
パプリカ（黄）……1/4個（40g）
ミニトマト……5〜6個

A
- オリーブオイル、マヨネーズ……各大さじ1
- 白ワインビネガー（または酢）……大さじ1/2
- 塩、こしょう……各少々
- 砂糖……ひとつまみ

作り方

1 ミニトマトは半分に、ほかの野菜は1cm角に切る。

2 ボウルに**A**を混ぜ合わせ、**1**と大豆の水煮を加えて和える。

食べきり五目豆

一度でおいしく食べきれる量にこだわったレシピです。
大豆の水煮のストックがあれば、食べたいときにすぐに作れます。

圧力調理前(2)

3分加圧

圧力調理後(2)

材料 作りやすい分量

大豆の水煮(P.77参照)……50g
にんじん、れんこん、こんにゃく
(アク抜き済みのもの)……各50g(各正味)
干ししいたけ……1枚(3g)

A だし汁……1/4カップ
薄口しょうゆ、みりん……各大さじ1
砂糖……小さじ1/2

作り方

1 にんじん、れんこん、こんにゃくは、すべて1.5cm角に切る。干ししいたけは包丁で粗く刻む。

2 圧力鍋の内鍋に**1**と大豆の水煮、**A**を入れてふたをし、3分圧力調理する。

チリコンカン

最初は金時豆だけを、二度目はすべての具を入れて、
2段階の加圧で仕上げます。好みでさらに鍋モードで煮詰めても。

圧力調理前①

20分加圧

圧力調理後①

圧力調理前②

1分加圧

圧力調理後②

材料 2～3人分

金時豆（乾燥）……1/2カップ（75g）

A
- 牛ひき肉……150g
- 玉ねぎ（粗みじん切り）……1/2個（正味100g）分
- にんにく（粗みじん切り）……1かけ分
- トマト缶（カットタイプ）……1/2缶（200g）
- 赤ワイン……大さじ2
- トマトケチャップ、ウスターソース……各大さじ1
- 洋風スープの素（顆粒）、カレー粉……各小さじ1
- 塩、砂糖……各小さじ1/2
- 粗びきこしょう……少々

ピーマン、紫玉ねぎ（各みじん切り・各好みで）……各適量
粗びきこしょう……少々

作り方

1 金時豆はさっと洗って圧力鍋の内鍋に入れ、水2カップを加える。ふたをして20分圧力調理する。終わったらふたを開け、煮汁ごとボウルに移して粗熱を取る。

2 内鍋に汁気をきった**1**と**A**を入れて混ぜる。ふたをして1分圧力調理する。

3 終わったらふたを開け、塩少々（分量外）で味を調える。好みでピーマンを加えて混ぜ、紫玉ねぎを散らし、粗びきこしょうをふる。

Column

スープストック3種

おいしいスープが手間なく簡単にとれるのも電気圧力鍋の魅力。
ふだんの料理に幅広く使える3種を紹介します。

圧力調理前

20 分加圧

圧力調理後

チキンスープ

骨つきの鶏肉でとるスープは、うまみが濃くて万能に使えます。
香味野菜を加えて肉の臭みを取り、すっきりした味に。

材料 作りやすい分量

骨つき鶏肉（手羽元、手羽先など）……250〜300g
長ねぎ（青い部分）……1本分
しょうが（薄切り）……4〜5枚
水……5カップ

作り方

圧力鍋の内鍋にすべての材料を入れ、ふたをして20分圧力調理する。ざるでこして使う。

※冷蔵庫で3〜4日、冷凍庫で約1か月保存できる。

使い方

スープや煮込み料理に。この本では、玄米チキンライス（P.84）、中華風炊き込みおこわ（P.86）、中華がゆ（P.89）、パエリア風炊き込みごはん（P.90）で使用。

昆布といりこのだし

昆布の繊細な風味といりこのコクを合わせた和風だし。
毎日の食卓で重宝するやさしい味わいです。

材料　作りやすい分量

だし昆布……10g
いりこ（煮干し）……20g
水……5カップ

作り方

いりこは頭と内臓を取る。圧力鍋の内鍋にすべての材料を入れ、ふたをして1分圧力調理する。ざるでこして使う。

※冷蔵庫で2〜3日、冷凍庫で約1か月保存できる。

使い方

みそ汁や煮物、炊き込みごはんなどのだしに。この本では、鯛とたけのこのおこわ（P.26）で使用。

圧力調理前

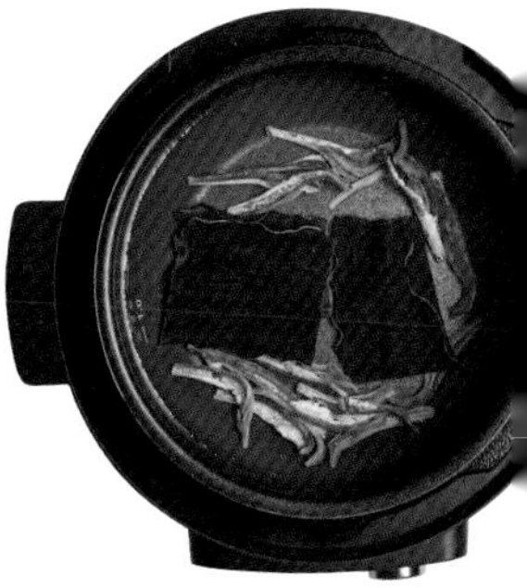

1分加圧

圧力調理後

ベジブロス

いつもは捨ててしまう野菜の皮や根、葉をむだなく活用。
まろやかでしみじみとしたおいしさは野菜ならではです。

圧力調理前

1分加圧

圧力調理後

材料 作りやすい分量

玉ねぎ、にんじん、にんにくなどの皮や根、セロリの葉など……合わせて150g
水……5カップ

作り方

圧力鍋の内鍋にすべての材料を入れ、ふたをして1分圧力調理する。ざるでこして使う。

※冷蔵庫で3〜4日、冷凍庫で約1か月保存できる。

使い方

そのままシンプルにスープにしたり、ポトフや魚介料理、カレーなどに。

part 5　ごはんとおやつ

白米や玄米、もち米が簡単にもちもちの食感に
炊き上がるのは、電気圧力鍋のなせるワザ。
小豆やくだものを使ったやさしい甘さのおやつも簡単！

玄米チキンライス

浸水なしで玄米がもちもちに炊き上がるのは、圧力調理のおかげ。鶏肉をのせて炊けば、シンガポール風チキンライスのでき上がり。ほろっとやわらかくなった鶏肉と玄米をよく混ぜて食べて。

材料 2人分

玄米……1合
鶏もも肉……小1枚(220g前後)
A にんにく(すりおろし)……小さじ1/2
こしょう……少々
チキンスープ(P.80参照※)……1カップ
ナンプラー……大さじ1/2
粗びきこしょう……少々
B オイスターソース……大さじ2
酢……大さじ1
しょうが(せん切り)……適量
パクチー、バジル、ライム(各好みで)……各適量

※洋風スープの素(顆粒)小さじ1/2を水1カップで溶いたものでもよい。

作り方

1 玄米はこすり合せるようにしてさっともみ洗いする。鶏肉は**A**をもみ込む。

2 圧力鍋の内鍋に玄米を入れ、チキンスープ、ナンプラーを加えて軽く混ぜ、鶏肉をのせる。ふたをして20分圧力調理する。

3 終わったらふたを開け、鶏肉ごと全体を混ぜ、ナンプラー少々(分量外)で味を調える。器に盛って粗びきこしょうをふり、合わせた**B**のたれをかける。好みでパクチー、バジル、ライムを添える。

＊白米で作るときは、5分圧力調理し、後は同様にする。炊き上がって粗熱が取れたら、鶏肉を包丁で切り分けてごはんに添える。

圧力調理前(2)

20分加圧

圧力調理後(2)

浸水いらずのごはん

電気圧力鍋で白米を炊くときも、浸水の必要はありません。洗った米を圧力鍋の内鍋に入れて同量の水を加えたら、ふたをして5分圧力調理すればOK。炊いている間に蒸発する水の量が少ないので、ふっくら、もちもちとした炊き上がりになります。

中華風
炊き込みおこわ

もち米も浸水なしで気軽に炊けるのがうれしい！
うまみ満点の具だくさんおこわは、
食卓で歓声が上がること間違いなしのごちそうです。

圧力調理前(3)

5 分加圧

圧力調理後(3)

材料 作りやすい分量

もち米……2合
A チキンスープ(P.80参照※)……1と3/4カップ
オイスターソース、しょうゆ、ごま油……各大さじ1/2
豚こま切れ肉……100g
にんじん……小1/2本(60g)
干ししいたけ(または生しいたけ)……2枚(5〜6g)
しょうが(せん切り)……5g
細ねぎ(小口切り・好みで)……適量
※中華スープの素(顆粒)小さじ1を水1と3/4カップで溶いたものでもよい。

作り方

1 もち米は2〜3回さっと洗ってざるに上げる。水気をしっかりきって圧力鍋の内鍋に入れ、**A**を加えて軽く混ぜる。

2 豚肉は粗みじん切りにし、にんじんは5mm角に切る。干ししいたけは粗く刻む。

3 **1**に**2**としょうがを加え、ふたをして5分圧力調理する。

4 終わったらふたを開け、全体を混ぜて塩少々(分量外)で味を調える。好みで細ねぎを散らす。

赤飯

ささげの下ゆでも赤飯を炊くのも、電気圧力鍋が大活躍。
手軽にできるので、ふだんの日にもぜひ！

材料　作りやすい分量

もち米……2合(360mℓ·300g)
ささげ(乾燥)……30〜35g
ごま塩……適量

作り方

1 もち米は2〜3回さっと洗ってざるに上げ、たっぷりの水につけておく(ささげを加圧している間)。

2 ささげはさっと洗って水気をよくきり、水1と3/4カップとともに圧力鍋の内鍋に入れる。ふたをして1分圧力調理する。終わったらふたを開け、煮汁ごとボウルにあけて冷ます。

3 **1**のもち米をざるに上げて水気をよくきり、圧力鍋の内鍋に入れる。**2**を煮汁ごと加え、ふたをして5分圧力調理する。終わったらふたを開け、全体を混ぜる。器に盛り、ごま塩をふる。

中華がゆ

トロッとした口あたりのよい仕上がりに感動！
好みのトッピングで味の変化を楽しんで。

圧力調理前（1）

10 分加圧

圧力調理後（1）

材料 作りやすい分量

米……1/2カップ
チキンスープ（P.80参照・または水）
……2と1/2カップ
トッピング（鯛の刺身、おろししょうが、パクチー、焼いた油揚げなど各好みで）……各適量
塩、しょうゆ（各好みで）……各適量

作り方

1 米は洗ってざるに上げ、圧力鍋の内鍋に入れ、チキンスープまたは水を加える。ふたをして10分圧力調理する。

2 器に盛り、好みのトッピングを添え、好みで塩やしょうゆをかける。

パエリア風 炊き込みごはん

材料を入れて加圧するだけなので、フライパンで作るよりずっと簡単！
手頃なシーフードミックスでも十分満足感が出ます。
仕上げにレモンをきゅっと絞ると、メリハリのある味わいに。

圧力調理前②

5 分加圧

圧力調理後②

材料 作りやすい分量

米、ジャスミン米……各1合（米2合でもよい）
玉ねぎ……1/4個（50g）
パプリカ（赤・黄）……各1/4個（合わせて70〜80g）
シーフードミックス（冷凍）……150g
A チキンスープ（P.80参照※）……1と1/2カップ
サフラン（あれば）……少々（なければカレー粉大さじ1で代用してもよい）
塩、こしょう……各少々
オリーブオイル……大さじ1
レモン、パセリ（各好みで）……各適量
粗びきこしょう（好みで）……少々
※洋風スープの素（顆粒）小さじ1を水1と1/2カップで溶いたものでもよい。

作り方

1 米とジャスミン米は洗ってざるに上げる。玉ねぎ、パプリカは1cm角に切る。

2 圧力鍋の内鍋に**1**の米を入れ、**A**を加えてひと混ぜする。残りの**1**、凍ったままのシーフードミックスを加える。ふたをして5分圧力調理する。

3 終わったらふたを開け、全体を混ぜて塩少々（分量外）で味を調える。好みでくし形切りにしたレモンを添え、みじん切りにしたパセリ、こしょうをふる。

おしるこ

火加減の調整がいらないから、簡単で失敗なし！
豆の味もしっかり感じられます。砂糖の量はお好みで。

材料 作りやすい分量

小豆（乾燥）……100g
砂糖……80〜100g
塩……ひとつまみ
もち……適量

作り方

1 小豆はさっと洗ってざるに上げる。圧力鍋の内鍋に入れ、水1と1/2カップを加える。ふたをして15分圧力調理する。

2 終わったらふたを開け、砂糖、塩を加える。鍋モードの中火にして、時々混ぜながら5分ほど煮詰める。焼いたもちを入れる。

※冷蔵庫で3〜4日、冷凍庫で約1か月保存できる。

圧力調理前（1）

15分加圧

圧力調理後（1）

煮詰める（2）

1 分加圧

りんごのコンポート

1分の加圧でりんごがジューシーに！ アイスクリームやヨーグルトと一緒に食べても。

材料 作りやすい分量

りんご（好みの品種）……2個（1個あたり270g）
レモン（輪切り）……3枚
シナモンスティック（あれば）……1本
グラニュー糖（または砂糖）……100g
ミント（好みで）……適量

作り方

1 りんごはよく洗い、圧力鍋の内鍋に入れる。ミント以外の材料を加え、水1カップを注ぐ。ふたをして1分圧力調理する。

2 終わったらふたを開け、粗熱を取って冷蔵庫で30分ほど冷やす。食べやすく切って器に盛り、好みでミントを添える。

※冷蔵庫で2〜3日保存できる。

無水調理

1 分加圧

いちごソース

ジャムよりさらっとした果実感たっぷりのソース。ヨーグルトに入れたり、トーストにのせて。

材料 作りやすい分量

いちご……300g
グラニュー糖（または砂糖）……120g
レモン汁……1/4個分

作り方

1 いちごはヘタを取って洗う。圧力鍋の内鍋に入れ、グラニュー糖をまぶす。ふたをして1分圧力調理する。

2 終わったらふたを開け、粗熱を取ってレモン汁を加える。

※冷蔵庫で約1週間保存できる。

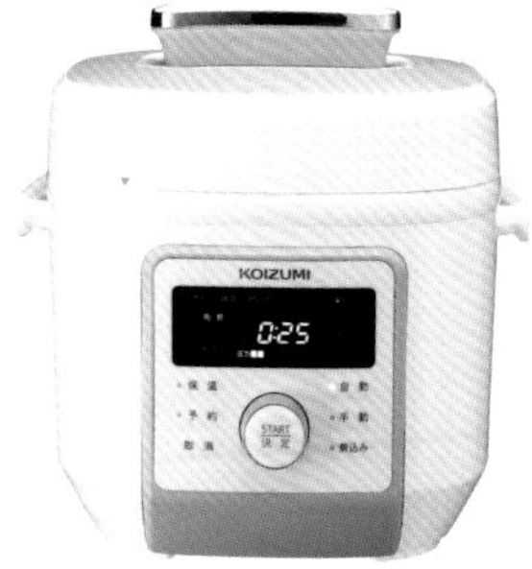

コイズミ
マイコン電気圧力鍋 KSC-4501／W

ダイヤル操作で簡単に本格調理が可能。
圧力は5段階に調整でき、
背面には蒸気水受けがついている。

容量：最大容量3ℓ、調理容量2ℓ／
最大圧力：70kPa／消費電力：700W

0570-07-5555（お客様相談窓口）
https://www.koizumi-onlineshop.jp/

食材	調理法	大きさ・分量	加圧時間
牛すじ肉	煮る	400g	圧力5で下ゆで5分+30分
豚バラ肉	蒸す	塊・500g	圧力5で10分
豚肩ロース肉	ロースト	塊・400g	圧力5で8分
鶏むね肉	蒸す	1枚・250g	圧力3で1分
鶏もも肉	蒸し焼き	1枚・250g	圧力5で5分
鶏手羽元	煮る	8本	圧力2で3分
いわし	煮る	8尾	圧力3で3分
さば	煮る	4切れ	圧力5で3分
いか	煮る	2はい（食べやすく切る）	圧力2で2分
大豆	煮る	1カップ（6時間以上水につける）	圧力4で5分
黒豆	煮る	1カップ（沸騰させた調味液に6時間以上つける）	圧力4で10分

メーカー別
加圧時間の目安

本書で使用している「アイリスオーヤマ KPC-MA2（容量2.2ℓ）」以外の電気圧力鍋で
この本のレシピを作る場合は、こちらのメーカー別加圧時間の目安を参考にしてください。
※この表は各メーカー付属の取扱い説明書やレシピブック、HP上のレシピから作成しています。

シロカ
電気圧力鍋 SP-D131

すっきりしたデザインと大きくて
見やすい表示画面が魅力。
ふたが取り外せて丸洗いでき、
お手入れもラク。

容量：最大容量2ℓ、調理容量1.3ℓ／
最大圧力：70kPa／消費電力：700W

0570-001-469（シロカサポートセンター）
https://www.siroca.co.jp/

食材	調理法	大きさ・分量	加圧時間
牛肉	煮る	塊をひと口大に切る・160g	15分
牛すじ肉	煮る	200g	下ゆで12分+20分
豚バラ肉	煮る	塊・300g	15分
鶏むね肉	煮る	ひと口大に切る・300g	30分
鶏手羽元	煮る	6本	下ゆで2分+6分
さんま	煮る	3等分に切る・2尾	20分
いわし	煮る	2尾	30分
かぼちゃ	蒸す	150g	6分
大根	煮る	2cm厚さ・4切れ	4分
黒豆	煮る	150g（ひと晩水につける）	16分＋保温60分
白米	炊く	1〜3合	8分
玄米	炊く	1〜3合	45分＋保温20分

パナソニック 電気圧力なべ SR-MP300

圧力調理、無水調理、低温調理、煮込みと幅広い料理に対応。シンプルでわかりやすいパネル表示で使いやすさも抜群。

容量：最大容量3ℓ、調理容量2ℓ／最大圧力：70kPa／消費電力：700W

0120-878-694（パナソニック調理商品ご相談窓口）
https://panasonic.jp/cook/products/sr-mp300.html

食材	調理法	1個（1切れ）の大きさ・分量	加圧時間
牛肉	煮る・ゆでる	角切り（3cm角）	15〜20分
牛すじ肉	煮る・ゆでる	こま切れ	10〜15分
牛肉	蒸す	塊・600g	20〜25分
豚肉	煮る・ゆでる	角切り（3cm角）	15〜20分
豚バラ肉	煮る・ゆでる	塊・600g	20〜25分
豚肩ロース肉	蒸す	塊・600g	20〜25分
鶏肉	煮る・ゆでる	ぶつ切り・40g	3〜5分
鶏手羽先	煮る・ゆでる	1本・50g	5〜10分
鶏骨つきもも肉	煮る・ゆでる	1本・200g	5〜7分
鶏骨つきもも肉	蒸す	1本・200g	5〜10分
いわし・あじ・さんま	煮る・ゆでる	1切れ・50g	3分（身を煮含める）、15〜30分（骨までやわらかく）
ぶりのアラ	煮る・ゆでる	アラ	10分
大豆	煮る・ゆでる	（ひと晩水につける）	8〜10分
じゃがいも	蒸す	丸ごと・150g	15〜20分
さつまいも	蒸す	丸ごと・300g	15〜20分
かぼちゃ	蒸す	丸ごと・500g	20〜25分

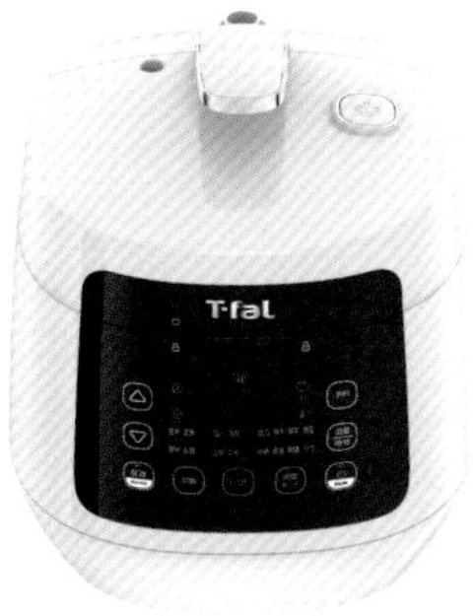

ティファール ラクラ・クッカー プラス コンパクトCY352AJP

熱伝導性に優れ、均一に熱が伝わる球状の内鍋が特長。調理終了後は、ボタンを押すだけで蒸気を排気できる。

容量：最大容量3ℓ、調理容量2ℓ／最大圧力：70kPa／消費電力：700W

0570-077-772（ティファールお客様相談センター）
https://www.t-fal.co.jp/

食材	調理法	大きさ・分量	加圧時間
豚もも肉	煮る	塊・500g（250g×2）	30分
豚スペアリブ	煮る	1kg	15分
豚バラ肉	煮る	600g・2cm厚さ	20分
鶏骨つきもも肉	煮る	400g・ぶつ切り	8分
鶏手羽先	煮る	12本	5分
いわし	煮る	8尾（頭と内臓を除く）	15分
いか	煮る	1ぱい（胴1.5cm幅、足は2本ずつに分ける）	12分
じゃがいも	蒸す	丸ごと・4個	25分
大根	煮る	3cm厚さの輪切り・12cm	15分
大豆	煮る	100g（ひと晩水につける）	7分
金時豆	煮る	150g（ひと晩水につける）	15分
黒豆	煮る	200g（熱湯、調味料にひと晩つける）	25分
白米	炊く	2〜4カップ（30分吸水させる）	8分
玄米	炊く	2〜4カップ（60分吸水させる）	20分

みないきぬこ

女子栄養大学卒業後、枝元なほみ氏のアシスタントを経て、2007年に独立。料理家、フードコーディネーターとして雑誌やテレビ、広告で活躍するほか、女子栄養大学で非常勤講師として調理実習の講義も行う。おいしさと作りやすさを兼ね備えたセンスあふれるレシピが人気を集めている。著書に『はじめてのストウブ 素材別シンプルおいしいレシピ』(池田書店)、『腎臓病 低たんぱく質の肉魚おかず』(女子栄養大学出版部)など。

デザイン
三木俊一(文京図案室)

撮影
原 ヒデトシ

スタイリング
阿部まゆこ

編集・文
小笠原章子

校正
ケイズオフィス

DTP制作
天龍社

撮影協力
アイリスオーヤマ株式会社
0120-211-299(アイリスコール)
https://www.irisplaza.co.jp/

はじめての電気圧力鍋
毎日使える絶品レシピ

2021年8月20日　第1版発行

著者
みないきぬこ

発行者
河地尚之

発行所
一般社団法人家の光協会
〒162-8448 東京都新宿区市谷船河原町11
電話　03-3266-9029(販売)
　　　03-3266-9028(編集)
振替　00150-1-4724

印刷・製本
図書印刷株式会社

乱丁・落丁本はお取り替えいたします。
定価はカバーに表示してあります。

ISBN 978-4-259-56698-2　C0077